J.-F.-H. OUDOUL

CURÉ-DOYEN DE BUZANÇAIS
(Indre).

(SOUVENIRS. VIE ET MORT.)

PAR

M. PH. DE MONTENON.

PARIS
LAGNY FRÈRES, ÉDITEURS,
RUE BOURBON-LE-CHATEAU, 1.

POITIERS
HENRI OUDIN, LIBRAIRE-ÉDITEUR,
RUE DE L'ÉPERON, 4.

1851

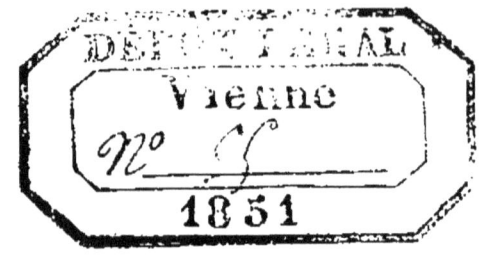

J.-F.-H. OUDOUL

CURÉ-DOYEN DE BUZANÇAIS
(Indre).

(SOUVENIRS. VIE ET MORT.)

J.-F.-H. OUDOUL

CURÉ-DOYEN DE BUZANÇAIS
(Indre).

(SOUVENIRS. VIE ET MORT.)

PAR

M. PH. DE MONTENON.

PARIS
LAGNY FRÈRES, ÉDITEURS,
RUE BOURBON-LE-CHATEAU, 1.

POITIERS
HENRI OUDIN, LIBRAIRE-ÉDITEUR,
RUE DE L'ÉPERON, 4.

—

1851

I.

L'ABBÉ OUDOUL.

Ce n'est pas seulement sur l'ensemble d'une nation que la Providence étend, à certains moments, le bras de sa colère et frappe comme à coups redoublés : les familles, les villes, toutes les sociétés humaines, petites ou grandes, ont aussi, chacune à leur tour, des jours particuliers de désolation, qu'il vaut mieux encore, pour entrer plus avant dans les vues du maître souverain, appeler des jours d'expiation ; car toute souffrance est infligée à la terre pour punir et fournir un moyen de réparation. Regardons plutôt ces sommets du Calvaire, sur lesquels le fils de Dieu voulut recevoir le châtiment de la faute première, et nous léguer en même temps, pour laver, pour effacer après celle-là toutes les autres, son précieux sang et son héritage de douleurs ! C'est la mort d'un des plus fidèles disciples du divin Rédempteur, et la consternation d'un troupeau, frappé dans son Pasteur et son Père, qui m'arrache à moi-même cette plainte résignée.

Ce troupeau s'appelle la ville de Buzançais (Indre); le Pasteur, le père, le saint, — qu'il faudrait pleurer aujourd'hui avec d'intarissables larmes, s'il ne chantait déjà le cantique des cieux, l'hymne de la victoire, — se nomma l'abbé OUDOUL. Jamais plus grand cœur que le sien, jamais plus grande âme que la sienne ne se cachèrent sous la robe sacrée du prêtre :

et, comme ce héros du sacerdoce s'est révélé à moi par sa tendresse depuis mon enfance, je serais un ingrat si je n'essayais pas de le peindre tel que je l'ai vu.

L'abbé Oudoul, enfant des montagnes de l'Auvergne, était de la première année de ce siècle : et, dans ces derniers temps, le fardeau de son zèle l'avait tellement épuisé, que depuis plusieurs mois on eût pu facilement le prendre pour un vieillard octogénaire. Cependant il n'y a pas encore 24 ans (c'était dans l'hiver de 1828) que, tout resplendissant de l'éclat de sa jeunesse, mais contristé de quitter une cure moins importante (la cure de Reuilly) pour celle d'une petite ville, il arrivait à Buzançais. On sait quel esprit d'hostilité, de dénigrement contre la Religion et ses ministres, prenait faveur à cette époque de la Restauration jusque dans les bourgades de France : on sait avec quelle complaisance et quelle vanité on se parait du sourire de Voltaire, enfin quel étalage on faisait alors, par opposition au pouvoir, de toutes les impiétés du xviiie siècle. Pourtant le nouveau curé étonna de prime abord par un grand talent de parole ; puis, à force de vertus, il sut conquérir le respect, et quelques années lui suffirent pour dompter les cœurs par des services de tout genre et un dévouement inépuisable.

Brûlant de foi, de charité, sublime d'éloquence dans sa chaire (ce n'est pas trop dire); simple, attachant, clair et suave au catéchisme : plein de verve, de littérature et d'attrait dans les rapports habituels de la vie ; offrant sa modeste bourse à toutes les misères, tenant son cœur ouvert à tous les affligés de secrètes souffrances, à tous les hommes en peine d'un conseil ; ne connaissant ni la différence du jour et de la nuit, ni la longueur des heures, dans l'exercice de son ministère aussi bien que dans la distribution des consolations ordinaires ; se montrant grave, respectueux, patient à écouter près du vieillard ; rempli pour la jeunesse de cette tendresse et de cette indulgence propres à désarmer les plus furieux, à suspendre la course des plus emportés, à vaincre la dureté des plus insensibles ; paternel vis-à-vis de l'enfance, paternel. qu'on me passe l'expression, à la manière des mères ; habile à s'introduire sans éclat au chevet des moribonds qui semblent avoir rompu avec l'Eglise, ingénieux à les aborder, puissant à les calmer, à les reconforter, à les réconcilier ; enfin, parlant, partout et toujours, la langue de la miséricorde de manière à faire verser les plus douces larmes ; comment n'eût-il point acquis sur l'immense majorité de ses ouailles une grande et légitime influence ? Dès qu'il en vit naître le germe, il médita et commença d'entreprendre des œuvres d'avenir.

D'abord, et dès en mettant le pied dans la cité où il devait mourir, il avait trouvé la maison de Dieu trop petite pour l'étendue du troupeau. Sa laideur l'effrayait moins que son exiguité. Car il espérait faire resplendir la foi catholique dans les âmes assez vivement pour que chacun vit briller, au fond des divins tabernacles, la beauté de Jésus-Christ. Mais encore fallait-il qu'on pût entrer dans l'Eglise et entendre le pasteur. Or, en l'année 1829, à la fin de la campagne d'été, déjà se terminait une première aile, non sans que le curé eût roulé de ses propres mains plusieurs pierres, et frappé à toutes les portes pour se procurer quelque argent.

Je vois encore s'accomplir ce travail. C'était dans la saison des vacances, la sagesse d'un excellent père répugnait à me voir gaspiller le temps, et j'allais au presbytère recevoir de courtes, mais très excellentes leçons. — Vers l'heure de midi d'ordinaire, le Prêtre rentrait couvert de sueur et de poussière, car il sortait du milieu de ses ouvriers auxquels il prêtait souvent, pour quelque travail de force, le secours de son bras robuste. Après le repas, qu'assaisonnait un appétit d'enfant des montagnes, venait mon tour et celui du latin. Il fallait entendre cette explication vive et rapide du professeur enseignant avec amour : il faudrait reproduire cette critique spirituelle et incisive d'un devoir manqué, ou peindre le littérateur enchanté d'un trait naïf, et prenant dans ses deux mains la tête de l'élève en souhaitant qu'elle devint solide ! — Plaise à Dieu seulement que mon cœur et ma mémoire aient gardé quelques petites parties des premières instructions d'un tel maître ! — Mais je m'étends trop sur des souvenirs qui ne sauraient intéresser que moi-même.

Au second été, l'église large, spacieuse, sans caractère architectural, il est vrai, mais propre et décente, permit l'accès des offices à toute la population chrétienne, qui, jusqu'à ce temps, les jours de fêtes solennelles, restait, pour plus de moitié, en dehors, tandis qu'on s'étouffait dans la nef. Juillet 1830, avec ses allures révolutionnaires, grondait en vain, cette première œuvre achevée laissait au Pasteur du répit pour préparer les autres.

Buzançais, grâces à de pieuses fondations, possédait depuis longtemps un hospice, et, assez récemment (1), une vénérable dame (2) venait de faire à cette maison un legs considérable, sous condition qu'il serait employé à la création et à l'entretien d'une salle de vieillards. Il existait aussi un bureau de bienfaisance en possession de distribuer aux plus nécessiteux, surtout pendant la saison d'hiver, au moins une partie du pain nécessaire à leur existence. L'abbé Oudoul conçut le plan d'une nouvelle institution qui devait compléter les deux autres. Il réunit toutes les Dames de sa paroisse : sous sa direction, elles se constituèrent en SOCIÉTÉ DE CHARITÉ, adoptèrent un règlement, se distribuèrent

(1) En 1823.
(2) Madame de Chaumes née Moreau des Breux.

les différents quartiers de la ville, déterminèrent le genre de secours qu'elles apporteraient aux malheureux, en les visitant ou les consolant dans leurs demeures. L'hospice recevait les malades dénués de tout, assez gravement atteints pour quitter leur domicile. Le bureau de bienfaisance, je l'ai dit quelques lignes plus haut, donnait du pain ; il fut arrêté que la Société de Charité aviserait à fournir du sel, de la graisse, des fagots, prêterait du linge aux femmes en couches, aux alités qui ne pourraient se faire recevoir à l'hospice, se procurerait des étoffes convenables pour vêtir les plus pauvres, surtout les enfants, les invalides, les vieillards. On fixa des époques de réunions générales, dans lesquelles chacune des Dames associées devrait faire son rapport sur la situation de son quartier, demander, en s'appuyant de renseignements convenables, sa part du fond commun en linge, bons de sel, de graisse, de bois, etc., pour chacun de ses affligés, enfin entendre voter sur ses propositions, mises en regard de toutes les autres et combinées avec elles suivant les ressources de l'œuvre. Ces ressources ne furent autres, depuis ce temps jusqu'au jour où j'écris, que quelques dons extraordinaires, et une quête annuelle faite par les Dames elles-mêmes, de porte en porte, voire même jusque dans les habitations éloignées de la ville, et cela pendant la saison la plus rude. La Providence prit cette belle institution sous sa protection spéciale, car jamais, même au travers des années fécondes en misères, elle n'a manqué du nécessaire. Cependant il ne faudrait pas croire que les difficultés firent défaut : il n'y a que les œuvres et les hommes sans valeur qui ne rencontrent point d'obstacles. Le Pasteur et ses pieuses acolytes écartèrent avec douceur ceux qui vinrent se placer au-devant de leur charité; aussi, l'institution encore debout, et forte de tout le bien accompli dans le passé, sera-t-elle maintenue florissante par ces belles âmes qui chaque jour viennent prendre rang dans la phalange décimée par le temps.

Des projets d'un autre ordre roulaient dans la tête du Prêtre. Ce qui le préoccupait par dessus tout, c'était l'éducation des enfants, espoir de l'avenir. Il n'a pas eu la consolation d'établir dans sa paroisse les Frères de la Doctrine chrétienne, ce qu'il avait tant désiré : mais depuis bien des années, et grâces à la coopération d'une femme de grande vertu, dont je fus assez heureux autrefois pour écrire la vie (1), un excellent couvent, celui des Dames de l'*Immaculée Conception*, offre aux mères de familles tout ce qu'elles peuvent désirer pour une éducation solide. Ainsi, la création d'une maison pour les jeunes personnes précéda celle projetée

---

(1). Marie-Julie-Suzanne d'Auvergne, première Supérieure des Dames de l'*Immaculée Conception* de Buzançais.

pour les garçons, parce que les difficultés pour l'une étaient moindres que pour l'autre, et qu'ensuite, dans la pensée du prudent ordonnateur de tant de choses, il était essentiel, avant tout, de former le cœur des femmes : « Car par elles, disait-
» il, les bonnes traditions, les principes
» de la Religion pénètrent au foyer domes-
» tique et s'asseyent, en quelque sorte,
» auprès des berceaux. »

L'excellent abbé Oudoul voyait autour de lui un certain nombre de saintes filles, tout occupées de pieuses pratiques, et naturellement portées vers la vie religieuse. J'ai quelques raisons de croire qu'il avait à cœur depuis longtemps qu'elles ne s'éloignassent pas de leurs familles, parce que chacune répandait dans la sienne le parfum de son angélique charité, et remplissait, en outre, quelque rôle de consolation. Car on ne saurait s'imaginer quel soin cet homme de Dieu mettait à maintenir dans les familles tout membre utile, quelle importance il attachait à ce que, une fois le nécessaire prélevé, il ne fut pas détourné une obole du patrimoine et de la ligne naturelle de succession. Il était toujours prêt à se dépouiller, prompt à donner, il avait de la peine à recevoir et ne supportait pas que les autres aliénassent.

Quand les vocations lui parurent suffisamment éprouvées, les ressources assurées; quand il crût sonnée l'heure de mettre à exécution un plan qui lui était cher, le Pasteur convoqua ses brebis choisies à l'avance, exposa l'utilité de faire le bien dans son propre pays et comme au seuil du foyer domestique, appela de Reims d'autres âmes saintes nourries dans le travail, toutes préparées pour l'enseignement, proposa pour supérieure Madame Marie-Julie-Suzanne d'Auvergne, déjà vénérée dans le pays depuis bien des années, et la Maison de l'*Immaculée Conception* fut fondée, et les classes s'ouvrirent, et bientôt le premier local devint trop étroit. Tout était

prévu de longue main, l'abbé Oudoul avait préparé une plus vaste demeure, on s'y transporta. Or, huit ans à peine après l'installation dans la seconde maison, je pouvais écrire : « Au nouveau couvent les
» bâtiments s'élèvent comme par miracle,
» les plantations grandissent presque aussi
» vite que les enfants qu'elles abritent ; il
» suffit ici que l'homme sème pour que
» Dieu féconde. » Je traçais ces lignes au mois de mars 1845, au moment où une grande douleur prenait possession du cœur de notre vénérable Pasteur. Marie-Julie d'Auvergne venait de descendre dans la tombe.

II.

SOUVENIRS DE LA VIE INTIME. — PUISSANCE DANS LA CHAIRE.

Cependant à cette époque la vie militante de l'abbé Oudoul semblait atteindre à son apogée. Le bruit, quelque peu malveillant, qui s'était élevé d'abord autour de ses premières œuvres, s'éteignait comme un vain murmure, toutes les hostilités paraissaient désarmées par sa charité. Depuis 17 années il avait baptisé, préparé pour la table sainte, uni par les liens du mariage, assisté dans leurs angoisses, soutenu dans leurs défaillances, apaisé dans leurs colères, arrêté dans leurs folies, tant et tant de ses paroissiens, qu'il était bien véritablement regardé comme le père. Son talent d'orateur ne perdait rien de sa vigueur ; sa parole, toujours aussi colorée, devenait de plus en plus tendre, onctueuse, persuasive. La force de son tempérament semblait se jouer des atteintes, déjà portées plus d'une fois, cependant, par un travail excessif, à sa santé de fer. Car les jours de cet homme de Dieu se passaient dans l'action, et ses nuits dans l'étude.

Il avait autour de lui quelques amis intimes, quelques fils de son cœur, qu'il venait trouver aux heures du repos. Plusieurs fois je l'ai vu, durant une soirée entière, suspendu aux lèvres d'un lecteur, oublier, grâces aux pages de quelque grand maître, son feu demi-couvert, sa lampe fatale, et les Pères de l'Église étalés sur sa table de travail. Il arrivait même que, par une innocente supercherie, le lecteur, avec un peu d'adresse et quelque habitude de dire, lui faisait accepter comme bonnes des choses médiocres. Alors, dans son enchantement il emportait le livre, puis il revenait le lendemain, animé d'une sainte colère, et promettant qu'il n'écouterait plus jamais « la méchante sirène ! »

Délicieuses soirées, qui ne sont plus, le chef et le meilleur ami de ceux dont vous fûtes la joie ont déjà visité la tombe ! Que Dieu les prenne dans son sein, et qu'il soit béni de nous avoir du moins donné, aux uns et aux autres, sur cette terre, quelques moments d'un bonheur bien vrai et bien pur !

C'est dans les instants, trop vite écoulés, de la douce intimité dont je viens d'évoquer le souvenir, que le bon curé de Buzançais ouvrait son cœur, et nous entretenait soit des affections de son enfance, soit de l'ardente vocation de sa jeunesse.

Ce qu'il avait le plus aimé sur cette terre, après Dieu, c'était sa mère, et il en parlait sans cesse. Il racontait qu'en le mettant au monde elle fut frappée de paralysie pour ne plus guérir. Durant de longues années, elle demeura gisante sur un lit de souffrance, patiente comme Tobie, croyante et résignée comme lui. Son plus jeune fils apprit à lire l'Evangile au pied de sa couche de douleur : là aussi il écrivit ses premiers devoirs de latinité, et c'est en voyant, à tous les instants du jour, souffrir sa mère, qu'il éprouva le besoin de compatir si vivement aux misères de l'humanité. Une bonne tante soignait la courageuse infirme et s'occupait en même temps de l'enfant. Elle a suivi le prêtre durant toute sa vie, et s'est éteinte, dans un âge très avancé, bien peu de mois avant lui, comme pour ne point le voir mourir.

Une des histoires que le bon curé racontait de manière à tirer des larmes, c'était celle de son voyage lorsqu'il s'élança du Séminaire vers la paralytique expirante. A cette époque les communications étaient encore difficiles et lentes. De Bourges, où le jeune lévite complétait ses études, à Saint-Flour, où sa mère luttait avec la mort, on ne se transportait qu'au milieu de mille embarras et de mille retards. Il arrivait, par exemple, qu'en un certain lieu la voiture, prise au point de départ, versait ses voyageurs dans une autre, et la place en cette occurrence manqua pour le Séminariste. Il eut beau prier, supplier, tout fut inutile, et il lui fallut s'asseoir au coin d'une cheminée d'auberge, avec l'horrible tourment d'un retard, qui pouvait lui ravir la dernière bénédiction maternelle. Tandis que ce fils désolé, la tête cachée dans ses deux mains, versait d'abondantes larmes, une chaise de poste s'arrêta pour relayer. Un homme grave en descendit, s'approcha du foyer, comme tout voyageur fatigué, prit intérêt à ce jeune abbé, qui pleurait, l'interrogea avec bonté sur le motif d'une douleur aussi poignante, puis sur la route qu'il avait à suivre, et, apprenant avec joie qu'ils devaient parcourir la même, il s'empressa de lui offrir une place dans sa voiture. Notre excellent ami crut voir l'ange qui conduisit jadis le jeune Tobie chez la fille de Raguel, et ce fut en pleurant, non plus de douleur seulement, mais aussi de reconnaissance, qu'il monta dans la chaise rapide. Quelques heures suffirent pour atteindre le terme ; en le touchant, le jeune abbé, l'âme en feu, la voix émue, supplia son compagnon de voyage de lui laisser son nom comme souvenir. — « Monsieur l'abbé, répondit en souriant le nouveau messager de la Providence, je vais vous donner tous mes titres : JE SUIS CHRÉTIEN. Or comme nous faisons la même course, sans parler de celle qui maintenant s'achève, nous nous retrouverons au but suprême. Au revoir !

Que Dieu prenne en pitié votre mère ! »
— Le souhait fut exaucé, puisque celle-ci put reconnaître son fils, et lui donner le dernier baiser.

Je suis convaincu que l'abbé Oudoul ne vit jamais, depuis ce temps, passer une voiture de poste sans regarder avec émotion derrière la vitre, et sans envoyer à la suite de ceux qu'elle emportait une bonne prière.

Quand le digne curé prenait place le soir au foyer de ses amis, on pouvait juger sur-le-champ, à l'expression de sa physionomie, des fatigues ou des joies de la journée. Si quelque malade venait d'échapper au danger, quelque jeune homme à ses folies ; si quelque inimitié invétérée avait paru se fondre et disparaître au souffle de sa charité, si quelque union promettant d'être heureuse s'était conclue, son œil noir étincelait de bonheur, sa parole vive, enjouée, eût donné de la gaieté aux plus mélancoliques. Si quelqu'un, au contraire, souffrait vivement, s'il n'avait pu secourir une misère, prévenir un malheur, faire goûter de sages conseils, il ne tenait point en place, soupirait, se désolait, paraissait mécontent de lui-même. Jamais son cœur n'était en repos.

Et quand le malheur, avec les éclats terribles que vous savez, s'abattait sur une famille, alors le Prêtre devenait plus qu'un homme, on eut dit l'ange de la charité. La maison visitée par le chagrin, il la regardait comme sienne. Ceux qui parfois l'avaient reçu avec froideur et indifférence dans leur prospérité, il les traitait en vieux amis au jour de leur adversité. Il trouvait de ces paroles merveilleuses, qui ôtent à la douleur de son amertume, sans rien diminuer de sa grandeur : il prenait pour lui la moitié de la peine : il venait le matin, il reparaissait au milieu du jour, la soirée ne s'achevait point sans qu'on le revit encore, et toujours comme entraîné par un nouvel élan, et toujours animé d'un nouveau désir de vous soulager.

Mais ce consolateur de la vie privée avait aussi certaines solennités de choix, durant lesquelles il aimait à répandre les trésors de son talent et de son zèle sur tous ses paroissiens réunis dans la même enceinte. Son jour par excellence, c'était le Jeudi-Saint. Au coucher du soleil la population se dirigeait vers l'Église : ailes, nef, chapelles, chœur, tout se remplissait, on voyait des hommes jusque sur les marches de l'autel. Le Pasteur montait dans la chaire armé de la Croix de son maître : au bout de quelques minutes vous eussiez cru entendre la voix remuante du Père Bridaine disant les mystères de la grande semaine à la manière de Bossuet, parlant au cœur avec la douceur de François de Sales, l'émotion du fils de Monique et la charité de Vincent de Paul. Une heure, et plus durant, des courants électriques parcouraient la foule compacte, de tous les yeux coulaient des larmes ; à mesure que le discours marchait on entendait les respirations s'échapper avec peine des poitrines oppressées, et quand l'orateur, en finissant, suppliait ses brebis, avec des accents qui jamais ne lui firent défaut, de s'agenouiller dans le repentir et l'amour, on voyait cette assemblée s'incliner comme un seul homme, tandis que toutes les lèvres murmuraient une prière, et Dieu seul sait combien, en un pareil moment, il fut pris de résolutions salutaires.

J'aurais beaucoup d'autres journées de ce genre à retracer, mais ces pages ne finiraient pas, et je veux précipiter un récit qui me fatigue moi-même, parce qu'il ébranle trop mon âme. Aussi ne saurais-je plus tarder à reproduire le tableau des grandes épreuves qui épuisèrent définitivement la santé, la force et la vie du vénérable ami, dont la bouche m'appela tant de fois du doux nom de fils.

III.

ORAGE SUR LA PAROISSE. — RÔLE DU PASTEUR.

On se rappelle la fin de 1846, les inquiétudes répandues par toute la France à la suite de l'engrangement de la récolte, enfin le prompt enchérissement des substances alimentaires. Au mois de décembre, quelques désordres se produisirent dans le département d'Indre-et-Loire, une sourde agitation fermentait partout. Anxiet, attentif, M. le curé de Buzançais remarquait dans sa population une attitude inaccoutumée : il soupçonnait un travail secret, souterrain, dont il ne pouvait précisément démêler la trame. Il redoublait de charité, il redoublait de zèle, il excitait chacun à l'imiter.

Cependant on organisait une souscription pour donner du travail, et on eut l'idée, afin d'utiliser les fonds, de relier, par une voie de communication ouverte au travers d'une promenade publique, une sorte de faubourg au centre de la ville. Le curé s'effrayait beaucoup de la mise à exécution de ce projet, parce qu'elle devait rapprocher sans cesse des hommes déjà trop portés à l'exaspération, et trop fortement exposés à s'exalter encore par le perpétuel contact. Il exprimait au foyer de chacun le désir qu'on s'appliquât, au contraire, individuellement, à disséminer les masses par des travaux multipliés et divers. Mais la saison n'était pas favorable : beaucoup ne savaient que faire faire sur leurs domaines : d'autre part, on s'était imposé des sacrifices véritables pour la souscription, on savait qu'il faudrait encore subvenir aux différentes quêtes, on ménageait ses ressources dernières. D'ailleurs le danger des ateliers nationaux (et le chantier de Buzançais en était un au petit pied) n'avait pas encore été rendu sensible pour tous par les luttes atroces dont la France vit l'affreux spectacle pendant les années suivantes.

On commença d'exécuter le chemin projeté, et cette voie, nommée depuis celle de *la Révolte*, fut témoin de bonne heure des manques de respect les plus graves envers l'autorité. Dès les premiers jours de janvier la situation ne fit qu'empirer. Le prix du grain montait toujours, la violence des propos tenus sur l'atelier croissait aussi, la tristesse du curé ne cessait de grandir. Mille indices faisaient croire à cet observateur infatigable qu'aux excitations de la misère se joignaient les incitations perfides d'agents ténébreux, et tout ce qu'il recueillit depuis n'a fait que le confirmer dans cette première opinion. Enfin, le mercredi 13 janvier 1847, tandis qu'une portion de la brigade de gendarmerie était absente pour le service de la correspondance, des charrettes de grains vinrent à passer dans un des faubourgs de la ville. Il semble qu'on fût averti à l'avance de ce passage à l'atelier de charité : bref, tous ceux qui l'occupaient le désertèrent en quelques minutes. On se porta au devant du convoi pour l'arrêter ; on ne tint nul compte des paroles du maire, qui, malgré ses 76 ans, marcha droit au rassemblement avec deux gendarmes, et les charrettes détournées de leur route furent conduites en triomphe sur la place de la Mairie, avec le projet de faire distribuer, d'après une taxe, les grains qu'elles devaient conduire ailleurs. — A la première nouvelle de ce tumulte, le curé accourut. On le salua, on l'écouta avec respect, mais on ne céda point.

Cependant le maire n'avait à sa disposition aucune force; le rassemblement grossissait toujours : des feux se dressaient sur la place, l'armée des nouveaux *Maillotins* (car la plupart de ces hommes avaient en main des masses propres à casser la pierre) annonçait l'intention de bivaquer durant toute la nuit, afin de garder sa capture ; tout s'assombrissait. Le Pasteur ne cessait de prier, de conjurer ; il allait d'un groupe à un autre : il opposait des paroles de paix aux paroles de guerre ; il montrait le vide, la stupidité ou l'atrocité de certaines fables : il disait les répressions certaines, et peut-être terribles, qui succéderaient incontestablement à de tels désordres. On prêtait l'oreille, mais on ne fléchissait pas.

De son côté, le maire venait de dépêcher une estafette au chef-lieu, et il espérait du secours. Le préfet était absent quand ce courrier toucha le but, il domptait dans une autre petite ville, celle de

Levroux, un pareil commencement d'émeute. Un conseiller de préfecture répondit pour lui, promettant d'avertir son chef aussitôt sa rentrée dans la ville de Châteauroux. Il n'y avait donc plus à attendre d'aide pour la soirée.

Quand la nuit fut tout à fait close, quand l'eau-de-vie et le vin commencèrent à circuler, et que sa présence, qui ne pouvait plus être remarquée à cause des ténèbres, cessa de mettre obstacle à la licence des paroles, le Pasteur regagna le presbytère, se tenant prêt à tout événement, et ordonnant que la porte restât ouverte pour qui voudrait lui parler. Effectivement, il y eut de sa maison au quartier général de l'émeute une promenade non interrompue jusqu'au jour. On venait lui demander, à tout instant, les clefs du clocher, pour donner à la contrée entière le signal du désordre. Pas un ne l'aborda sans se retirer plus calme. Il mettait à la disposition des visiteurs les modestes provisions de l'office et du cellier, et les malheureux dévoraient tout, sans songer qu'ils dilapidaient en une seule nuit le bien des pauvres. Quant à leurs folles demandes, le saint Prêtre les écartait toutes avec impassibilité, ils sortaient de chez lui moins ardents, quelquefois même après avoir récité quelque prière, et le flot succédait au flot, les insensés aux insensés.

Le maire veillait aussi, calculant avec raison qu'il n'avait à sa disposition aucune ressource pour la résistance, et se demandant quelle force il opposerait à cette populace mutinée, si, le jour venu, la préfecture le laissait dans le même abandon. Il dirigea sur Châteauroux un nouveau messager.

Dès l'aube, le pasteur revint au milieu du troupeau. Combien son âme fût contristée à l'aspect de cette masse avinée, prête à se porter dans son ivresse aux extrémités les plus horribles ! On demandait, avec une violence toujours croissante, la taxe et la distribution du blé : on menaçait du pillage, on prononçait avec haine des noms de victimes. Et cependant le prêtre, l'ami de toutes les heures, fut encore entouré avec déférence. Comme il reprenait ses exhortations de la veille, plusieurs membres du Conseil municipal se dirigeaient vers la mairie. L'un d'eux est insulté par une bande de furieux, des paroles de mort sont proférées, les haches se lèvent, le curé se précipite, prend sous le bras celui que l'on menace, les haches se détournent, et le prêtre conduit jusque dans l'intérieur de la maison commune son paroissien épargné.

Le flot impur des sauvages colères et de l'audace montait, montait toujours, et du chef-lieu, situé à vingt-quatre kilomètres, nul signe de vie ! Le préfet rentré à son hôtel vers le milieu de la nuit, ou ne fut point aussitôt averti, malgré la promesse du conseiller de préfecture, ou ne comprit pas la gravité de la situation :

bref, il ne partit pour Buzançais qu'à dix ou onze heures du matin, et, quand il arriva sur le théâtre du désordre, pillage et meurtre, tout était consommé.

Je n'ai pas le dessein de reproduire tous les détails de cette catastrophe sanglante, la France entière les a trop connus : mais il m'importait de remettre en lumière le rôle sublime d'un saint personnage jusqu'alors presque entièrement laissé dans l'ombre du tableau, et qui aurait dû toujours, pour la manifestation de la vérité et la consolation des nobles âmes, occuper le premier plan.

Vers huit heures du matin, tandis qu'un personnage mystérieux sortait de Buzançais, et, selon toute vraisemblance, après avoir passé la nuit dans cette ville, se dirigeait vers la fabrique de porcelaine de St-Genoux, la démence de la foule, agitée dans tous les sens depuis la veille, ivre de paroles, de désirs insensés, autant que de vin, atteignit son paroxisme. Le

Conseil municipal se refusait aux concessions demandées : on sentait les dernières digues, qui retenaient encore, quoique bien faiblement, la fureur populaire, prêtes à fléchir. Tout à coup, la voix d'un sauvage, plus pressé que les autres, fait entendre ce cri : « Au moulin ! » « Au moulin ! » répète la masse crépitante. Et cet océan roule ses vagues irritées vers les scènes de la désolation et du pillage, tandis que, brisant les portes de l'église, ceux que tourmentait depuis si longtemps le désir du tocsin, lancent dans les airs ses funestes volées. Le prêtre suivit le torrent, espérant encore arrêter ses ouailles égarées. Mais comme il approchait de l'usine désignée pour la ruine : « Qu'on emmène
» Monsieur le curé, s'écria la horde des
» destructeurs, qu'on le reconduise à la
» cure ! » Et je lis dans un manuscrit, écrit de la main du bon abbé Oudoul lui-même : « Que, sans savoir comment, il
» se trouva, en un clin d'œil, dans le

» jardin public, enlevé par le flot popu-
» laire (1). » Dans cet instant, les forces lui manquèrent, il chancela et faillit tomber ; à la fatigue morale se joignait une sorte d'inanition, car il n'avait rien pris depuis la veille, espérant toujours qu'à l'heure ordinaire de la messe le secours serait venu, et qu'il pourrait monter à l'autel. Un homme, véritable brigand, prêt à devenir assassin, un homme, que l'abbé Oudoul n'appela plus depuis que le Sicambre, et qu'il conduisit plein de repentir à l'échafaud, s'aperçut qu'il pâlissait et courut lui chercher un bouillon dans une maison voisine. Puis, se hâtant vers le ravage commencé, il prit sa course en brandissant sa hache.

Je le répète, je n'entreprendrai point de peindre dans son entier cet horrible drame et de décrire minutieusement chaque dou-

---

(1) Paroles copiées dans un manuscrit de l'abbé Oudoul.

loureux épisode. Je rappellerai seulement qu'à onze heures le sac d'une usine et de trois autres maisons était achevé; qu'au même moment, on violait le domicile d'une mère de douleur, dont le fils allait payer de sa vie le soin de s'être armé pour la défendre, et pour faire respecter son domestique, insulté par le chef même de l'émeute. Ce misérable se précipita sur le fusil que lui montrait, avec injonction de se retirer, l'enfant dévoué, le maître jaloux de protéger un serviteur fidèle. Dans la lutte, l'arme partit; le brigand, frappé mortellement, s'affaissa sur lui-même, et l'homme intrépide, qui venait d'infliger ce châtiment si mérité, fut, quelques minutes après, poursuivi, traqué, massacré par une horde de cannibales.

On a souvent taxé d'*imprudence* cette noble victime, cet infortuné Louis CHAMBERT, qui n'avait pris le fusil que pour mieux interdire l'abord de la chambre maternelle. C'est le cas de pulvériser ici une telle accusation en se servant de la sublime parole de la reine Marie-Antoinette : « J'en appelle à toutes les mères ! » Et, s'il était permis d'ajouter le moindre mot à ce cri d'une âme indignée, je dirais : « Et à tous les fils ! »

Tandis que s'accomplissait cette épouvantable tragédie, la charité du curé, par une fatalité qu'il a mille et mille fois déplorée, s'exerçait ailleurs. Il tentait la puissance des paroles d'apaisement et de paternel reproche sur d'autres bandes, de nouveau réunies devant la mairie. On l'avertit, il accourt. On avait déjà transporté à l'hospice Venin, le chef de brigands : on dirigeait vers le même asile le corps du fils pieux, mutilé par des créatures humaines tout à coup changées en bêtes fauves. Pour atteindre ce lugubre convoi et le suivre, l'abbé Oudoul, accompagné de son jeune vicaire, traversa le flot des nouveaux septembriseurs. Ecoutez ce qu'il a écrit de leur attitude, et jugez par là de l'estime que tout son passé lui avait acquise : « Il faut que la religion » des robes noires ait une bien céleste in- » fluence, car, à notre vue, l'émeute » recule, se tait, saluant des prêtres qui » volent également au secours de Judas et » de Joseph (1). »

A l'Hôtel-Dieu (c'est le cas ou jamais de se servir de cette belle appellation), à l'Hôtel-Dieu le Pasteur crut recueillir un soupir de la bouche du malheureux Louis Chambert : il lui lava le visage, fit sur sa tête l'onction suprême, puis penché sur la couche glissa dans l'oreille de l'agonisant les mots de contrition, de miséricorde, tandis que le vicaire prononçait les paroles qui délient les fautes; et quand le noble enfant, massacré par les fils de ceux que ses pères avaient assistés tant de fois dans leurs misères, se fut roidi dans la mort ; quand

(1) Paroles copiées dans un manuscrit de l'abbé Oudoul.

il eût exhalé son dernier souffle, le Prêtre, écrasé de douleur, courut vers une autre couche. Voici comment il raconte lui-même ce qui se passa dans son âme en abordant le lit de l'homme châtié, et providentiellement arrêté dans l'accomplissement de ses crimes :

« Sans la grâce de Dieu, comment
» passer avec calme, avec douceur, du
» traiteau de la victime des brigands au
» lit paré de leur coupable chef, l'auteur
» de tous nos maux ? Voilà l'homme, me
» disais-je, en le fixant, voilà l'homme
» qui a troublé ma paisible paroisse, qui
» l'a convulsionnée, qui l'a déshonorée !...
» Voilà l'homme qui lègue le bagne et le
» glaive à de pauvres soudoyés, et à leurs
» familles la misère et la honte !... Voilà
» l'homme..... Taisons-nous, la mort
» nous entend..... elle dévore ses en-
» trailles !!! Ce n'est plus un criminel à
» mes yeux, c'est mon fils, brebis in-
» connue, loup ravisseur, introduit de-

» puis peu dans mon bercail comme tant
» d'autres qu'attirait le bureau de bien-
» faisance et la société de charité (1). »

Ces paroles me semblent peindre tout le cœur de l'abbé Oudoul, et comme je n'ai touché au récit des événements accomplis les 13 et 14 janvier 1847 dans la ville de Buzançais que pour bien mettre en relief la beauté de ce grand cœur, il n'est plus nécessaire d'insister très fortement sur le tableau des dernières heures de la seconde journée. Passons rapidement sur cet historique du malheur.

Dans l'après-midi arriva le préfet du département, accompagné des autorités judiciaires, escorté de 25 dragons. S'il fut venu dans la nuit du 13 au 14, aussitôt qu'en descendant de la voiture qui le ramenait de la petite ville de Levroux il rentra à l'hôtel de la préfecture ; s'il fut

(1) Paroles copiées dans un manuscrit de l'abbé Oudoul.

seulement parti de Châtauroux à cinq heures du matin, et même à six, pour parcourir en poste les 24 kilomètres qui le séparaient de l'émeute, il eût pu tout prévenir. Quand il parut, à une heure ou une heure et demie, ce fut simplement pour constater le désastre. Il jugea ses forces militaires insuffisantes pour la répression, et il y aurait témérité peut-être à discuter son opinion. Mais, plus tard, il laissa répandre, à tort, qu'il avait fait autre chose à Buzançais qu'un acte de courage personnel en paraissant sur la place publique. En fait, il repartit en pleine nuit, sans avoir essayé l'arrestation d'un seul meurtrier, laissant derrière lui les grains arrêtés la veille au pouvoir de l'émeute, et n'ayant pu déchirer la loi de taxe du blé, signée le matin au milieu des horreurs de la dévastation, acceptée par le plus grand nombre des révoltés comme un *contrat de paix*, et qu'il fallut exécuter le lendemain. Bien plus, le soir même, tandis que le premier magistrat du département délibérait chez le brigadier de gendarmerie sur la question de savoir s'il devait rester ou partir, la ville était encore sous le coup d'une nouvelle plaie, d'une sorte de pillage quasi-pacifique, décoré du nom de mendicité. Des bandes parcouraient les rues, frappaient aux portes des maisons avec menaces, et demandaient, dit un rapport signé par les habitants, *à la manière des Italiens, l'escopette à la main*. De cet incident, le préfet, avant de retourner à Châteauroux, ne prit nul souci, et les 25 dragons, au lieu d'être commandés pour une patrouille, restèrent consignés dans un hôtel. Malgré tout, qu'on eût dit : « Le haut fonctionnaire ne tenta rien parce qu'il se trouva, comme l'autorité locale elle-même, en face de l'impossible ! » Je l'eusse compris. Mais prétendre qu'il avait tout dompté par sa seule présence, c'était s'abuser, et abuser les autres, d'une étrange manière. On ne triomphe point là ou l'on ne reste maître de rien. Or, M. le curé de Buzançais, après des efforts héroïques et tant de preuves acquises de l'inaltérable respect de la population entière, disait : « Le 13 et le 14 janvier, nous avons tous » été vaincus ! » Sa modestie valait la peine d'être imitée.

C'est à regret, du reste, que je viens de remuer toutes ces cendres, et j'ai hâte de n'y plus toucher.

IV.

PROFOND CHAGRIN. — CHARITÉ NOUVELLE. — EXÉCUTION.

A partir du funeste épisode dont je viens de dire l'horreur, une tristesse incurable s'empara de l'âme du Pasteur frappé dans l'honneur et le repos de ses enfants. Quand il vit, dans sa ville de Buzançais, remplie de magistrats et de soldats, commencer l'instruction qui devait dévoiler tant de détails affreux ; quand les interrogatoires mirent au jour tant et tant de sauvageries, quand les grands coupables furent emmenés par convois, quand il lui fallut consoler des familles entières trop justement séparées de leurs chefs indignes ; quand les fauteurs du meurtre et du pillage le firent conjurer de venir les visiter, au chef-lieu, dans leur prison ; quand il se fut dit plusieurs fois, au pied de son crucifix, que le dénouement de telles infamies serait pour quelques-uns l'échafaud, pour un grand nombre, le bagne ; il sentit comme un vaste ébranlement au fond de son être, il lui parut que les sources de la vie, chez lui jusque-là si puissantes, tout à coup s'appauvrissaient.

Les appréciations, les comptes rendus du dehors ; un peu plus tard, la tournure que prirent les débats devant la Cour d'assises, tout cela le désolait. « Ils n'y com-
» prennent rien, s'écriait-il sans cesse !
» Tous veulent voir dans notre catastro-
» phe une maladie locale, un cas isolé.
» Et le germe du mal nous vient d'ailleurs :

» le foyer de l'incendie, dont une étincelle
» a tout embrasé ici par hasard, est au
» cœur de la société. Vous-même, mon
» ami, vous-même, me disait-il, en me
» confiant toutes ces choses, vous n'a-
» joutez pas assez de foi à mes paroles,
» vous ne les pesez pas suffisamment. J'ai
» entendu, j'entends tous les jours débiter
» des phrases, des fragments de doctrines
» qu'on n'inventa point ici, des espèces de
» mots d'ordre, pas toujours compris des
» inintelligents qui les balbutient, avide-
» ment recueillis par une partie de ceux
» pour lesquels on les répète. Or, quand
» je vais aux informations, j'apprends que
» mêmes choses se redisent ailleurs : tout
» cela sent le colportage, et le plus dange-
» reux, celui de la haine. La société nous
» maudit, elle ferait mieux de s'étudier
» elle-même, de voir quelle part du levain
» des émeutes elle a jeté au milieu de mes
» malheureux enfants. Je les avais élevés
» pour la paix, longtemps je vis en eux

» des agneaux, qui les a changés en bêtes
» fauves? Au moment de mes afflictions,
» j'ai cherché Joseph, et je n'ai plus trouvé
» que sa robe ! »

A l'appui de cette thèse, qui n'étonne plus personne en 1851, et dont la doctrine fut rejetée avec tant de dédain en 1847, le bon curé a écrit des volumes. Il faudrait un temps considérable pour coordonner, émonder, ramener aux justes proportions de la publicité, ces manuscrits énormes, tracés en quelques mois au courant de la plume, durant des nuits sans sommeil, ces monuments d'un travail prodigieux, mais si peu mesuré qu'il épuisait l'auteur, l'empêchait de donner à son œuvre la perfection désirable, le mettait hors d'état, à force de fatigue, de distinguer les choses destinées à intéresser tout le monde de ce qui ne pouvait émouvoir que lui-même. Une première fois, au moment où j'allais cesser d'habiter le plus ordinairement près de lui, il me confia ce travail, en me demandant un avis sincère. Je le suppliai en grâces d'en changer la forme et de le refondre. Docile comme un enfant, il reprit sa tâche. Mais au lieu de corriger, au lieu de retailler plus à loisir son premier bloc, il recommença à nouveau, sous le coup d'une fièvre nouvelle. Enfin, cette année même (1851), au mois d'avril, après une première attaque d'apoplexie, il me pria, dans une visite que je lui fis, d'accepter comme legs de sa tendresse les manuscrits qui lui avaient coûté tant d'heures de sa vie, et de les emporter dès ce moment pour qu'il n'eût plus la tentation d'y retoucher jamais (1).

Mais j'ai singulièrement devancé les événements, et il me faut retourner en arrière pour reprendre leur fil.

J'ai fait pressentir qu'après les journées des 13 et 14 janvier 1847, il y avait eu

(1) Peut-être, quelque jour, après mûre réflexion et sérieuse étude, me déciderai-je à publier une partie des *Méditations* du vénérable prêtre.

chez M. l'abbé Oudoul un véritable affaissement des forces physiques. Sa charité, au contraire, s'exalta : la douleur, je l'ai dit aussi, prit possession de son cœur pour ne plus le quitter, mais elle n'amoindrit point son courage. On s'occupait de la création d'un *grenier de secours*, où les plus nécessiteux devaient trouver, à prix réduit, partie du grain nécessaire à leur existence (1). Une souscription devait fournir, et fournit, en effet, la somme nécessaire au premier achat : on revendit à perte, l'argent recouvré servit à un nouvel approvisionnement, et ainsi de suite, jusqu'à épuisement du capital. Le Pasteur, quoique dans la dernière gêne (il s'était déjà, dès les pre-

---

(1) Cette opération fut bientôt suivie d'une autre, qui avait pour but de fournir à toute la population, et au cours, les grains et farines dont elle craignait de manquer. L'approvisionnement se faisait au Hâvre, arrivait à Paris par la Seine, jusqu'à Blois par le chemin de fer, et de Blois à Buzançais par le roulage.

miers instants, comme saigné aux quatre veines), s'inscrivit en tête de la liste des souscripteurs pour une somme de cinq cents francs dont il n'avait pas le premier sol. Il emprunta. Et quand on lui demandait : « Mais vous-même, qui vous fera » vivre ? » Il répondait avec un stoïcisme admirable, ou plutôt avec le détachement des Saints : « J'ai écrit à Bourges afin qu'on » me cherchât un acheteur pour ma bi- » bliothèque. » Les livres, ses vieux amis, les livres sont restés dans leurs casiers, du moins ceux qu'il n'a pas donnés : mais les privations supportées, nul ne les a connues à fond. Seulement, on peut s'en faire quelque idée par certains mots échappés à la bonne vieille tante, chargée de conduire l'intérieur du presbytère. « Je n'ose » plus, disait-elle toute honteuse, je n'ose » plus, comme autrefois, mettre les che- » mises de mon neveu à la lessive chez ses » amis, il n'y en a pas une seule qui » tienne, ce sont des guenilles. » Nouveau

Saint Martin, il ne se contentait point de partager son manteau, il donnait sans rien garder pour lui-même, et sa charité s'exerçait encore de mille autres manières.

Toutes les fois qu'il y eût une décision à prendre pour l'administration de la ville, la réparation des désastres, l'approvisionnement général, si difficile alors, longtemps on appela le curé pour avoir son avis avant de clore les délibérations. Il arrivait toujours, porteur de sages paroles et d'intelligents conseils. D'une autre part, les familles des coupables, mis en arrestation pour leurs crimes, n'avaient de ressource qu'en lui. Il leur servait de consolateur, il veillait à ce que de secrètes aumônes les empêchassent de manquer de tout : il essayait d'ouvrir aux criminels, inaperçus et oubliés, les voies du repentir, et il s'appliquait à arracher de leurs cœurs quelques haines enracinées. Cependant sa chaire, durant plusieurs semaines, resta muette : mais quand les représentants de la justice, après avoir terminé l'instruction, quittèrent la paroisse ; quand l'œil du magistrat eût vu ce qu'il pouvait voir, et que la voix du curé dans un blâme public n'eût plus à craindre de rien révéler, il se décida à reprendre la parole. Voici quel fut son texte : « *Attendite, et videte si est dolor sicut meus!* Considérez, et voyez s'il est une douleur comme la mienne ! » Comme il terminait sa lamentation, on n'entendit plus dans l'Église que des sanglots et des cris étouffés, et après l'effet de cette matinée, qui fut suivie de secrètes consolations dans l'exercice du ministère, sa croix lui parût moins pesante.

Cependant il attendait avec anxiété la session des assises et son dénouement, déjà si nettement indiqué par le bon sens et la justice. Une fois les sentences rendues, il alla se mettre à la disposition des condamnés. Durant plusieurs semaines, lui, que les voyages fatiguaient plus que personne, il ne cessa de se transporter de Buzançais au chef-lieu, du chef-lieu à sa paroisse. L'aumônier de la prison de Châteauroux, les curés de Notre-Dame et de St-Christophe le secondèrent avec un grand zèle, et ces ministres de J.-C. firent de trois sauvages, destinés à la mort, des hommes de repentir, de résignation, de courage. L'un d'eux, nommé Bienvenu (celui-là même qui présenta un bouillon au Pasteur prêt à défaillir d'inanition au matin du 14 janvier), sorte de vagabond s'abritant une nuit dans quelque coin de la ville, et le lendemain dans un autre, avait été instruit jadis pour la première communion par le bon abbé Oudoul lui-même. Pour tromper l'ennui de sa prison, et comme il ne savait pas lire, il chercha son catéchisme dans sa mémoire, finit par l'y retrouver gravé tout entier, et ensuite il l'enseignait à haute voix aux deux compagnons dont les cellules avoisinaient la sienne. Le soir, ces trois hommes récitaient la prière, et, pour qu'elle durât plus longtemps, Bienvenu proposa de la chanter, ainsi que l'on fait des offices de l'Eglise. Chaque fois que le Pasteur revenait de Châteauroux, il en rapportait de nouveaux sujets d'étonnement, et cela par suite de la transformation qui s'opérait chez les condamnés, notamment dans l'âme et l'esprit du *Sicambre*. Jusqu'au jour suprême, celui qu'il avait ainsi baptisé, Bienvenu, montra une force de caractère remarquable, et du haut de l'échafaud il tira de sa poitrine vibrante quelques mots destinés à exprimer la nécessité du repentir.

Ce fut le 16 avril 1847 qu'eût lieu, sur la place même d'où l'émeute s'était élancée vers le pillage et le meurtre, l'exécution des condamnés à mort. M. le curé de Buzançais, M. l'abbé Sautereau, curé de St-Christophe de Châteauroux, M. l'abbé Geoffroy, curé de Notre-Dame de la même ville, assistèrent ces grands coupables, qui tous trois moururent en chrétiens. L'un d'eux, Velluet, parut un moment moins résigné que ses compagnons de supplice. Ceux-ci, Bienvenu surtout, mêlèrent leurs exhortations aux paroles persuasives des prêtres, et, à leur exemple, il marcha sans faiblesse vers le châtiment. M. l'abbé Sautereau et M. l'abbé Geoffroy accompagnèrent chacun leur pénitent jusqu'à la dernière minute : l'abbé Oudoul but trois fois le calice. Lui, si impressionnable, fit preuve d'un sang-froid étonnant, et trouva de la force pour tous. Pendant l'exécution de Bienvenu, il s'appuyait sur la balustrade de l'instrument fatal, elle céda, et c'est un vrai miracle qu'il n'ait pas fait une horrible chute. L'un de ses confrères, après avoir accompli sa tâche, vint à chanceler sur les marches du terrible escalier, aussitôt il lui tendit le bras et le soutint. Enfin, avant de quitter pour la dernière fois l'estrade de l'expiation, le Pasteur s'unit avec ses deux collègues dans la prière, puis, élevant vers le ciel ses bras paternels et la croix de son maître, il bénit à haute voix sa paroisse éprouvée. Toutes ces choses s'accomplirent avec tant de foi et d'onction, que les exécuteurs eux-mêmes s'agenouillèrent et demandèrent en grâces au noble doyen des trois prêtres de ne pas s'éloigner sans leur tendre sa main miséricordieuse.

V.

CONSOLATION.

Ces scènes lugubres furent suivies, à quelques semaines de là, d'un moment de douce consolation pour notre excellent ami et père.

Une demande avait été intentée contre la commune de Buzançais par les victimes du pillage. La commune s'était adressée à M. Berryer pour la diriger dans cette triste affaire. Cet homme de cœur, dont toute la vie s'use au service des infortunes

illustres ou obscures, accepta sans hésiter une mission délicate, pénible, sans éclat. Il vint à Buzançais au commencement du mois de mai pour tout régler, tout concilier, tout apaiser. Il parut ensuite au tribunal de Châteauroux, afin de constater, lui, ce maître de la parole, par quelques mots bien simples, l'accord des demandeurs et des défendeurs dans un procès qu'un jugement seul pouvait terminer, puisqu'une commune était en cause. Et quand on voulut lui parler d'honoraires, il répondit : « Qu'il ne recevait jamais
» rien des pauvres, et que la ville de Bu-
» zançais n'avait certes pas de trop de
» toutes ses ressources pour faire face à
» ses lourdes charges. Faites du bien à
» quelques malheureux, en souvenir de
» moi, ajouta-t-il, jamais il ne m'aura
» été offert de plus beaux honoraires. »

M. Berryer ignore encore, peut-être, tout ce que sa noble réponse, donnée à Châteauroux, au sortir de l'audience, a fait verser au bon abbé Oudoul, dans le modeste oratoire de son presbytère, de larmes de reconnaissance. Il était digne pourtant d'une telle récompense, et nul, plus que lui, ne l'eût estimée à haut prix. Du reste, pendant les deux soirées qu'il passa dans la ville affligée, M. Berryer, et j'ai été assez heureux pour le lui entendre dire, conçut pour le Pasteur une estime profonde. Quant à l'abbé Oudoul, il admirait depuis longtemps l'orateur de tous ses principes; mais, à partir de cet instant, il fit mieux encore, son cœur sacerdotal l'aima d'une vive tendresse. Puisse maintenant son ardente prière venir en aide à l'homme d'Etat au jour des grandes luttes!

VI.

DERNIÈRES ANNÉES.— DERNIÈRES ÉPREUVES.— MORT ET FUNÉRAILLES.

Vers la fin de 1847, j'ai cessé de vivre habituellement près de l'excellent Prêtre dont j'ai voulu redire, dans ces quelques pages, les vertus et les douleurs. Chaque année l'automne nous réunissait. Je trouvais toujours son cœur plein d'un feu qui n'appartient d'ordinaire qu'à la jeunesse. Mais sa tête devenait branlante, sa parole sifflait en passant par une bouche dégar-

nie, le timbre de sa voix perdait sa sonorité. A chaque soubresaut de l'esprit de désordre, à chaque menace du communisme et du socialisme, il répétait avec tristesse : « Voilà *ma révolution* qui s'é-
» tend ! » Après les journées de juin 1848, le massacre du général de Bréa, et toutes les horreurs de ce temps, il disait encore :
« Voilà l'esprit qu'ils soufflèrent l'année
» dernière sur ma pauvre ville. Le mal,
» cette fois, se montre à son foyer même. »
Puis les deuils s'étendirent sur ses affections privées. Il perdit un neveu, qu'il avait élevé à force de sacrifices, et dont l'âme était digne de ses soins et de sa tendresse. Chaque coup l'inclinait visiblement vers sa propre tombe, et, comme pour échapper à l'amertume de la douleur, il s'enfonçait de plus en plus dans le travail, sondait des questions ecclésiastiques, redoublait de zèle dans l'exercice du sacré ministère, d'intérêt pour chacun des habitants de sa paroisse. Il s'associait

à toutes les peines et voulait sa part de tous les fardeaux. D'autre part, il donnait une nouvelle extension à l'une de ses œuvres, et fondait dans la ville de Gannat (Allier) une succursale du couvent de Buzançais. Ainsi, les dames de l'*Immaculée Conception* iront répandre dans la province natale de leur Père spirituel, l'Auvergne, ses traditions et celles de Marie-Julie-Suzanne, leur première supérieure.

En 1850, au mois de novembre, époque ordinaire des séparations, je quittai le bon Pasteur. Nous étions à la veille, tous les deux, d'un bien grand malheur. La mort, sans que nous en ayons le moindre pressentiment, allait fondre sur mon excellent père, rendre déserte la maison de famille, enlever au Prêtre une de ses plus chères intimités. C'est dans les derniers jours de décembre, loin du foyer domestique, à Paris, ce gouffre de tant d'existences, au milieu cependant des lumières, et, comme on dit aujourd'hui, des princes de la science, que la catastrophe s'accomplit. Le premier ami qui vint trouver la veuve, recevoir, lors du douloureux retour, les fils et les filles, ce fut, comme toujours, le curé. Puis il s'assit presque à chaque heure au milieu de cette tribu privée de chef, il entendit concerter la dispersion, il signa aux actes du partage de la fortune; il reçut les adieux de celle qui pendant vingt années avait marché de concert avec lui dans l'aumône et dans la prière, et contribué, sous sa direction, à faire prospérer *la Société de Charité*. Et le vide des affections anciennes, de la douce et reconfortante intimité, s'augmenta autour de lui. C'était l'une des dernières épreuves dont la vie du serviteur de Dieu devait être semée.

Comme allait s'ouvrir la saison du Carême, une attaque d'apoplexie s'abattit sur cette forte tête. Pendant des heures entières, le malade donna les plus sérieuses inquiétudes, et, pour sa consolation, comme pour la mienne, la Providence m'amena, en cet instant critique, près de son lit de douleur. L'intérieur du presbytère offrait alors un bien triste, mais bien grand spectacle. Autour du lit du bon Pasteur se relevaient jour et nuit quelques-unes des dames de l'*Immaculée Conception*, ses filles en Dieu. Le médecin venait à toutes les heures. De moments en moments se succédaient les paroissiens inquiets, avides de nouvelles, et sur leurs visages attristés on distinguait presque toujours la trace des larmes. Enfin, chose navrante entre toutes les autres, la vieille tante du prêtre menacé de mort, la sœur de cette mère paralytique que l'abbé Oudoul avait tant aimée, pauvre fille de quatre-vingts ans, rôdait, sans trop savoir ce qu'elle faisait, de chambre en chambre, demandant parfois, avec une sorte de sourire affreux, si vraiment son neveu s'en irait avant elle ! Dieu lui a fait la grâce, vers le milieu de l'été, de partir la première ; mais, dans la crise que je retrace, cette femme, chargée d'années, dont la raison vacillante retournait vers l'enfance sans que le cœur perdit rien de ses anxiétés et de sa tendresse, cette vénérable femme déchirait l'âme de tous ceux qu'elle abordait.

La force du malade donnait encore espoir que, cette fois du moins, il résisterait au terrible assaut. Mais les médecins, comme question de vie ou de mort pour un très prochain avenir, nous donnaient à résoudre un problème insoluble, celui de l'arracher aux occupations de son ministère, de lui interdire tout travail, de le sevrer de toute émotion. La seule approche du temps pascal, durant lequel les forces paraissaient devoir être assez revenues pour que le Pasteur fit quelques tentatives funestes de confession, de prédication, ou pour qu'il éprouvât un violent chagrin de voir, s'il se résignait au repos, le troupeau en partie privé de secours, la seule approche de ce temps, dis-je, nous jetait dans de bien vives angoisses. La Providence pourvût à tout; elle envoya près du Prêtre, si violemment atteint, un bon Père de la Miséricorde, qui avait déjà évangélisé sa paroisse. La présence de cet auxiliaire (1) qu'il aimait, calma les inquiétudes de l'abbé Oudoul, il se reposa sur lui de tous soins pendant la sainte quarantaine et pût vivre quelques mois encore. Que Dieu soit béni pour les jours de grâces accordés à son serviteur ! — C'est dans un des premiers moments de répit de ce cruel combat, qu'après avoir fait sortir tout le monde de son appartement, mon excel-

(1) Ce bon Père appartenait à une maison d'Orléans. Ses supérieurs devaient l'envoyer dans une paroisse du même diocèse (celle de Neuville), dont le curé, homme de talent et de cœur, eût évangélisé, durant le séjour du Missionnaire au milieu de ses ouailles, toutes les communes de son canton. A la première demande, le jeune athlète de la charité consentit à se priver d'aide pour le soulagement de son devancier dans la rude carrière.

lent ami, comme gage de sa paternelle tendresse, voulut me remettre les manuscrits dont j'ai parlé avec de suffisants détails. Sachant que le devoir m'appelait ailleurs, il me pressa de le quitter, mais il ne reçut pas mes adieux sans me faire beaucoup de promesses. Il s'engageait au repos, il projetait de venir se sévrer, pour un certain temps, au sein de ma famille, des fatigues et du tracas des affaires. Vaines paroles ! Le zèle de la maison de Dieu a dévoré jusqu'à la fin cette grande âme, les flammes de la charité ont consumé ses forces dernières. Faut-il s'en plaindre, et n'est-il pas plus chrétien d'admirer ?

J'ai revu mon vénérable ami dans les jours de l'été, je crus apercevoir une ombre ; on eut dit que les années de sa vieille tante mourante s'étaient accumulées sur sa tête avec les siennes propres. Quand il me pressa sur sa poitrine, quand il voulut m'adresser la parole, il me sembla que j'entendais saint Jean parvenu aux années de l'extrême vieillesse, et ne pouvant plus que répéter aux fidèles de son église : *Mes enfants! Mes chers enfants!* en leur recommandant l'observance de la loi d'amour. Depuis ce temps, je n'ai plus vu de lui que de courtes lettres, et, dans chacune d'elles, l'altération toujours croissante de l'écriture accusait l'envahissement d'une incurable faiblesse. La dernière, écrite presque à la veille de sa mort, pour la consolation d'une âme éprouvée, se termine par cette phrase :

« Mettons notre confiance en Dieu dans les mauvais jours ! »

Ils ne sont plus à redouter pour le Prêtre de J.-C., mon ami et mon père, ces jours mauvais qui nous menacent, ils ont fait place aux heures des félicités éternelles, et jamais fin ne fut plus glorieuse que la sienne. On dit (car je n'ai pas vu ces dernières scènes, mais j'en tiens le récit d'une source certaine, et mon âme est pénétrée de leur grandeur), on dit que, le dimanche

9 novembre 1851, comme le Pasteur achevait de célébrer les saints mystères, il se retourna vers son peuple pour lui distribuer le pain de la parole. La langue s'agita impuissante, la main s'étendit pour bénir, le Père descendit en chancelant les marches de l'autel et s'affaissa devant les saints tabernacles, en présence de ses enfants. C'était un héros trouvant la mort au champ des victoires, c'était un chef de famille commençant son agonie entouré de sa lignée. On l'emporta respirant encore, mais ne devant recouvrer dans la chambre de ses veilles, de ses travaux, de ses souffrances, ni parole, ni connaissance. Et cependant ce n'est que le mardi 11, dans les heures de la nuit, après l'insuccès des efforts réunis de la tendresse et de la science, que l'âme de Jean-François-Hilaire Oudoul, brisant enfin tous les terrestres liens, s'est élancée vers les demeures du ciel et les délices du divin amour. Sur la tombe d'un pareil homme

faut-il répandre des larmes? Oui, mais en pleurant sur soi-même, et non sur lui. Oui, parce que les larmes sont la plus haute expression de la reconnaissance. Oui, parce que si l'élu du Seigneur puise en cet instant aux sources mêmes de la richesse, nous perdons, nous, un inestimable trésor.

Le jour des funérailles, l'Eglise, agrandie jadis par les soins du Pasteur qui dort son dernier sommeil, a paru encore trop petite. La vie est restée comme suspendue au centre de l'humble cité. Autorités en deuil, gardes nationaux en armes, musiciens modulant les chants de tristesse, enfants, femmes, vieillards, tout le monde se pressait au convoi du père et de l'ami. Un étranger qui eût passé à l'heure de l'office devant tant de maisons fermées, se fut imaginé qu'il traversait une ville vide d'habitants. Et si quelques fenêtres s'entr'ouvrirent lors du passage des longues files du funèbre cortége, c'est qu'une garde confinée au foyer par les devoirs domestiques, quelques infirmes, retenus par leurs souffrances, voulurent aussi, eux, saluer de leurs larmes la sainte dépouille. Est-il besoin d'ajouter qu'un nombreux clergé dirigeait la cérémonie et payait au doyen, au conseiller des heures difficiles, son tribut de prières, de regrets et d'hommages? Enfin, la contrée entière s'est honorée dans cette circonstance, par son noble respect et par sa haute intelligence du culte des morts. Le partage des restes, j'allais dire des reliques, du vénérable défunt, témoigne d'un grand tact et d'une touchante sensibilité. Son corps repose dans le cimetière de la paroisse, son cœur à la Communauté, fille de ses œuvres, près des servantes de Marie, des jeunes enfants dont l'innocence le ravissait, enfin près de la dépouille mortelle de Marie-Julie-Suzanne d'Auvergne, sa pieuse collaboratrice devant le Seigneur.

Et moi aussi, père, ami, noble prêtre

de mon Dieu, j'irai m'agenouiller, chaque année qu'il me sera donné de vivre, sur votre tombe, puis à côté de votre cœur. J'irai vous porter le tendre souvenir des miens, la reconnaissance de ma jeunesse qui s'envole, et qui vous dût tant pour la foi, pour l'espérance, pour l'amour de Jésus-Christ et de son saint Évangile. Père, vous nous avez expliqué mille fois le symbole de l'Église, chacun de nous répète après vous tous les jours : *Je crois à la Communion des Saints!* Ne cessez donc d'unir vos instances aux nôtres et de prier pour votre paroisse, nos familles, la prospérité de vos œuvres, pour cette France tout entière que vous aimiez tant !

PH. DE MONTENON.

Novembre 1851.

TABLE.

		Pages.
	L'abbé Oudoul.	1
I.	Souvenirs de la vie intime. — Puissance dans la chaire.	15
II.	Orage sur la paroisse. — Rôle du Pasteur.	25
V.	Profond chagrin. — Charité nouvelle. — Exécution.	44
'.	Consolation.	57
'I.	Dernières années. — Dernières épreuves. — Mort et funérailles.	60

Poitiers, imp. de Henri Oudin.

On trouve chez Lagny frères, Éditeurs :

AUX PAYSANS.

SIMPLES CAUSERIES,

PAR M. PH. DE MONTENON.

Prix : 20 c.

LETTRES

SUR

L'ÉDUCATION DU PEUPLE

PAR M. LAURENTIE,

Ancien Inspecteur général des Études.

2ᵉ édition.

Poitiers, impr. de Henri Oudin.